www.ingramcontent.com/pod-product-compliance
Lightning Source LLC
Chambersburg PA
CBHW060858220526
45466CB00003B/1420
* 9 7 8 1 6 7 6 6 2 6 4 6 6 *